AF595710

LA ROSE
ET
LE BOUTON,

PASTORALE-PANTOMIME,

EN DEUX ACTES,

MÉLÉE DE DIALOGUES.

Prix 12 sous.

A BORDEAUX,
De l'Imprimerie de PIERRE PHILLIPPOT,
rue Saint Jâmes. 1782.

ACTEURS.

La Grande Prêtresse de l'Hymen.

Quatre Prêtresses de l'Hymen.

AGATHE, jeune Bergere.

COLIN, jeune Berger.

Troupe de jeunes Bergeres.

Troupe de jeunes Bergers.

La Scene est dans l'Isle de Chypre.

LA ROSE

ET

LE BOUTON,

PASTORALE-PANTOMIME.

ACTE PREMIER.

N°. 1. L'ORCHESTRE jouera pour ouverture, avant la levée de la toile, l'AIR: *La Rose & le Bouton.*

N°. 2. Dans la Rose & le Bouton.
Ensuite de *Vermeille Rose.*

Le Théatre représente un Verger charmant & délicieux; dans le fond, au milieu d'un bois sacré, est un Temple, sur le portique duquel est écrit: Temple de l'Hymen; *sur un des côtés du Théatre est une Grotte bien obscure, taillée dans le roc.*

Les portiques du Temple, ainsi que son extérieur, sont élevés de plusieurs marches, ce qui est essentiel pour la pompe théatrale.

men, & qui toujours entretenez sur cet autel un feu précieux & immortel, nous venons rendre à ce Dieu charmant l'hommage que nous lui devons, & lui présenter les prémices de nos champs, de nos jardins & de nos vergers.

LA GRANDE PRETRESSE.

Quel instant avez-vous choisi?

AGATHE.

L'instant où la Rose commence à épanouir son bouton.

LA GRANDE PRETRESSE.

Quel est votre âge?

AGATHE.

Nous avons vu la terre se couronner quinze fois de fleurs; & depuis, nulle de nous n'a vu un seizieme printemps.

LA GRANDE PRETRESSE.

Vos mains sont-elles innocentes?

AGATHE.

Comme nos cœurs.

LA GRANDE PRETRESSE.

Vos cœurs sont-ils purs?

AGATHE.

Comme le feu qui brûle sur cet Autel.

LA GRANDE PRETRESSE.

L'Hymen veut un sacrifice.

AGATHE *s'avançant vers la Grande Prêtresse, lui présente sa colombe.*

Je vous offre cette Colombe blanche que j'ai élevée moi-même, & qui jusqu'à ce jour fit mes amours & mes plaisirs.

LA GRANDE PRETRESSE.

Pourrez-vous voir couler son sang?

AGATHE.

S'il est agréable au Dieu.

AIRS.	ACTION.
N°. 7. AIR : *De la marche des Prêtresses dans Alceste.* [Dignité imposante & majesté dans les Prêtresses.] [Candeur & respect dans les Bergeres.]	La Grande Prêtresse prend la colombe d'Agathe, rentre dans le Temple, s'approche de l'Autel, égorge dessus la colombe, & le feu sacré la consume. Un coup de tonnerre annonce que l'Hymen accepte le sacrifice, & qu'il lui est agréable. Pendant le sacrifice, les Prêtresses sont occupées à présenter à la Grande Prêtresse l'eau lustrale, les parfums & l'encens. Agathe & les jeunes Bergeres éloignées du Temple se prosternent, & tiennent leurs bras étendus vers le Dieu. Le sacrifice fini, la Grande Prêtresse s'avance sur les marches de l'Autel; une des Prêtresses lui présente une corbeille, dans laquelle sont les boutons de roses sacrés. Les jeunes Bergeres se relevent, & viennent recevoir des mains de la Grande Prêtresse chacune un bouton de rose.

LA GRANDE PRETRESSE.

Le Dieu reçoit votre hommage avec bonté, la foudre qui vient de gronder à ma droite m'en est un gage certain.

Que chacune de vous reçoive en échange ce Bouton de rose, (*Solo de Clarinette.*) conservez-le bien, & bien précieusement; redoutez tout de la colere du Dieu; si jamais vous aviez le malheur de le laisser épanouir, les portes du Temple vous seroient fermées pour jamais; & pour jamais dévouées au mépris, au repentir & au désespoir, vous verseriez des larmes aussi ameres qu'éternelles.

Une main profane qui s'arrêteroit dessus, suffiroit pour le flétrir ; dérobez-le à l'œil même.

La loi de l'Hymen vous ordonne de le conserver jusqu'au jour heureux qu'un époux doit vous ramener à cet Autel.

Allez, jeunes Bergeres, & tremblez de vous rendre indignes du don précieux que vous venez de recevoir.

AIRS.	*ACTION.*
N°. 8. AIR : *Tendre fruit des pleurs de l'Aurore.* [Danse légere, douce & simple.]	Les portes du Temple se referment dès que les jeunes Bergeres ont reçu leurs Boutons. Elle les examinent avec une admiration mêlée de plaisirs & de crainte.

SCENE IV.

AGATHE, Troupe de jeunes Bergeres.

COLIN, Troupe de jeunes Bergers.

AIRS.	*ACTION.*
N°. 9. AIR : *Gai & dansant.*	COlin à la tête d'une troupe de jeunes Bergers, qu'il conduit au son de son Flageolet, vient féliciter les jeunes Bergeres du don charmant qu'elles ont reçu. En même temps, les uns par adresse, les autres par force ou par tendresse, cherchent à leur ravir leurs Boutons de Roses.
N°. 10. AIR. . . . [La Danse Pantomime très-vive & très-exprimée.]	Les jeunes Bergeres après s'être vivement défendues prennent la fuite. Agate se prépare à suivre les autres Bergeres. Colin l'arrête tendrement.

SCENE V.

AGATHE, COLIN.

DIALOGUE.

COLIN.

HÉ quoi! belle Agathe, vous voulez me fuir aussi!

AGATHE.

Ah! laissez-moi, laissez-moi de grace vous éviter.

COLIN.

Pourquoi?

AGATHE.

Tout mon bonheur dépend de mon bouton de rose.

COLIN.

Hé bien!...

AGATHE.

Vous voulez me le ravir peut-être?

COLIN.

Moi, je voudrois vous le ravir! Agathe, je vous aime plus que ma vie, pourquoi voudrois-je vous affliger?

N°. 10. AGATHE.

AIR: *L'amitié, &c.*

L'amitié seule le séduit.

COLIN

Au nom d'amour tu te mets en colere,
Pourquoi me montrer du dépit,
Mon seul desir est de te plaire.

AGATHE.

Oublions donc en ce jour,
Jusqu'au nom de l'amour;
Mais aimes-moi d'une amitié si tendre,
Que mon cœur puisse s'y méprendre.

AIRS.	*ACTION.*
N°. 10. AIR : *L'amitié seule le séduit.* [Pantomime simple & douce.	Colin pour rassurer Agathe & la séduire plus aisément, emploie les plus tendres protestations d'amitié. Agathe sent petit à petit diminuer la crainte, & marque à Colin plus de confiance. Colin profite habilement de ce sentiment pour achever sa défaite.

DIALOGUE.

COLIN.

JE n'ai qu'un flageolet, il fait tout mon bonheur, il charme mes soucis; souvent j'en joue sur les côteaux; souvent nos jeunes Bergeres applaudissent à ses sons. Daignez-vous, Agathe, danser comme elles à ses accords?

AGATHE.

Si cela peut vous faire plaisir, je le veux bien.

AIRS.	*ACTION.*
Le flageolet joue ces deux airs de suite. N°. 11 & N°. 12. AIR : *Vif à volonté.* [Danse vive & légere.]	Colin s'assit sur un banc de gazon; il joue d'abord sur son flageolet un air très-vif, & puis le second dans le plus tendre possible.
N°. 12. AIR : *Tendre à volonté.* [Danse douce & voluptueuse.]	L'innocente Agathe danse à ses sons trompeurs, & suit dans ses pas les mouvemens de sa mélodie.

AIRS.	*ACTION.*
N°. 13. AIR : *Quitte la musette.* [Frayeur religieuse dans Agathe.	Agathe, émue, attendrie, le conjure de suspendre un instant des sons si dangereux. Colin obéit & se leve, ils restent un moment sans se parler. Agathe baisse les yeux, Colin jouit de sa victoire, & ses regards enflammés annoncent sa victoire.

AGATHE.

Colin!...

COLIN.

Ma chere Agathe!

AGATHE.

Que vos sons sont touchans! Ils pénetrent mon ame; ils portent le trouble dans mon cœur, & font naître dans mon sein un feu qui le dévore.

COLIN.

L'amitié seule me l'inspire.

AGATHE.

Ah! Colin, que ne puis-je en rendre de semblable.

COLIN.

Il ne tient qu'à vous, charmante Agathe; c'est un art que je vous apprendrai bientôt.

AGATHE.

Seroit-il possible!

COLIN.

Vous l'allez voir.

AIRS.	*ACTION.*
N°. 14. Flageolet. AIR : *Ah! que l'amour est chose jolie!* [Tableau frais & voluptueux.]	Agathe & Colin s'asseyent sur un banc de gazon, Colin présente à Agathe son flageolet, le pose sur ses levres, & conduisant ses doigts, lui fait jouer l'air indiqué. Agathe est des plus enchantée du flageolet.

DIALOGUE.

AGATHE.

M'Aimez-vous, Colin?....

COLIN.

Si je vous aime, Agathe!

AGATHE.

Ah!.... si j'osois.

COLIN.

Eh bien?

AGATHE.

Je vous demanderois.....

COLIN.

Quoi?

AGATHE.

Ce flageolet si doux!

COLIN.

Mon flageolet!

AGATHE.

C'est trop vous demander.

COLIN.

Il fait tout mon bonheur; il calme mes soucis.

AGATHE.

Vous me le refusez?

COLIN.

Non, Agathe, non, il est a vous; mais en échange, donnez-moi....

AGATHE.

Quoi?

COLIN.

Donnez-moi votre bouton de rose.

AGATHE.

Mon bouton de rose!

COLIN.

Oui.... échange pour échange.

AGATHE.

Ah ! vous ne m'aimez pas.

COLIN.

Je vous adore.

AGATHE.

Et vous pouvez me demander mon bouton de roſe?

COLIN.

Vous me demandez bien mon flageolet.

AGATHE.

Ah ! quelle différence . . . ſi j'avois le malheur de le laiſſer toucher ſeulement, je m'expoſerois à toute la colere du Dieu que nous adorons ; les portes de ſon Temple me ſeroient fermées à jamais ; & pour jamais dévouée au mépris, au repentir & au déſeſpoir ; je verſerois des larmes auſſi ameres qu'éternelles.

COLIN.

Le croyez-vous, Agathe ?

AGATHE.

Si je le crois ! ce ſont les propres paroles de la Prêtreſſe.

COLIN.

Elle vous trompe, elle abuſe de votre innocence.

AGATHE.

La Prêtreſſe ! . . . impoſſible.

COLIN.

Eh ! ne peut-elle pas, à ſa volonté, faire parler les Dieux ?

AGATHE.

Ah ! Ciel.

(*On apperçoit pluſieurs éclairs.*)

COLIN.

Eh ! qu'importe à ce Dieu votre bouton de rose ? qu'importe à sa gloire que le bouton s'épanouisse ou non ?

AGATHE.

Vous me faites frémir.... laissez-moi m'en aller.

COLIN.

Non, non, restez, Agathe; restez, je ne vous demanderai plus votre bouton de rose; aussi-bien vous le demanderai-je en vain, vous ne m'aimez pas assez pour me le donner.

AGATHE.

Je ne le puis.

COLIN.

N'en parlons plus.

(*L'orage commence.*)

AIRS.	*ACTION.*
N°. 15. AIR : *Lise, entends-tu l'orage ?* [Pantomime exprimant les différens sentimens qu'éprouve Agathe.]	Dans ce moment se forme un orage ; la grêle, les vents, le tonnerre portent par-tout l'épouvante. La frayeur s'empare d'Agathe, Colin tâche de la rassurer ; il l'engage à se retirer dans la grotte qui leur offre une retraite assurée.
[Incertitude.]	Agathe redoute également l'orage & le Berger.
[Trouble, épouvante.]	Cependant l'orage augmente, la foudre redouble, le bois paroît en feu.
Evanouissement. N°. 16. AIR : *Lison revenoit au village.* On ne joue cet air que quand ils sont entrés dans la grotte.	Agathe, qu'un éclat de tonnerre acheve d'épouvanter, tombe à moitié évanouie dans les bras de Colin, qui la conduit dans la grotte.
[Symphonie douce.]	L'orage ne diminue qu'imperceptiblement.

Fin du premier Acte.

ACTE II.

OUVERTURE.

N°. 17 AIR : *D'une Rose fraîche éclose.*

SCENE PREMIERE.

COLIN.

AIRS.	*ACTION.*
N°. 18. AIR : *Adieu paniers, vendanges sont faites.* [Fuite gaie.]	AUssi-tôt que l'orage est cessé, Colin sort triomphant de la grotte, & insultant à la foiblesse d'Agathe, s'en va.

SCENE II.

AGATHE.

AIRS.	*ACTION.*
N°. 19. AIR : *J'ai perdu tout mon bonheur.* [Pantomime simple, exprimant la douleur, les regrets & la tendresse.	AGate sort désespérée de la grotte, son Bouton de Rose est épanoui; elle rappelle en vain Colin, Colin brave ses larmes & ses cris; elle pleura sa foiblesse, & sur-tout la fuite de son infidele Berger.
N°. 20. AIR : *Du Confiteor.* [Crainte & respect.]	Dans sa douleur elle s'adresse au Dieu d'Hymen, retourne à son Temple, & frappe à ses portes d'une main tremblante.

SCENE III

LA GRANDE PRETRESSE, Troupe de Prêtresses.

AGATHE.

AIRS.	ACTION.
N°. 21. AIR: *Ah! vous dirai-je maman.* [Majesté dans les Prêtresses, soumission dans Agathe.	Les portes du Temple s'ouvrent; la Grande Prêtresse s'avance, & demande à Agathe ce qui la ramene aux pieds du Dieu; Agathe lui montre son Bouton de Rose épanoui.
N°. 22. AIR: *Des Trembleurs.* [Colere & menace de la grande Prêtresse.]	A cette vue la Grande Prêtresse indignée la repousse avec mépris, & la menace de toute la colère du Dieu.
N°. 23. AIR: *Hélas, maman, pardonnez je vous prie.* (Désespoir & attendrissement d'Agathe.)	Agathe se jette à ses genoux qu'elle embrasse, & lui raconte en pleurant sa foiblesse & la fuite de Colin; elle la conjure en même temps de rendre à sa rose sa premiere fraîcheur; la Grande Prêtresse se laisse attendrir.

LA GRANDE PRETRESSE.

Imprudente Bergere, tu m'attendris; je plains ton malheur; tes larmes que je crois sinceres désarment mon courroux; je pardonne à ta foiblesse; puisse le Dieu que je sers, te pardonner comme moi. Je vais éprouver sa bonté; mais sans espoir. Le bouton de rose que tu as reçu de mes mains une fois épanoui, ne peut jamais se refermer: tout ce que je puis faire pour toi, c'est d'essayer un charme puissant pour appaiser le courroux du Dieu.

Eloigne-toi de ce Temple ſacré,
Tu n'es pas digne d'y paroître :
Ta préſence en ſouilleroit la pureté.

AIRS.	*ACTION.*
N°. 24. AIR : *Vermeille roſe.* (Nobleſſe ſimple dans les Prêtreſſes.)	La Grande Prêtreſſe, après avoir pris la roſe d'Agathe, rentre dans le Temple, dont les portes reſtent ouvertes ; mais Agathe inquiete & tremblante, ſe tient éloignée.
(Frayeur religieuſe dans Agathe.)	Elle jette la roſe d'Agathe dans le feu ſacré : la flamme la vérifie ; elle reſte cependant épanouie ; mais de la même tige s'élance un bouton de roſe.
	La Prêtreſſe ſort alors du Temple, & remet à Agathe la roſe & le bouton, en lui diſant....

LA GRANDE PRETRESSE.

Voilà, jeune & imprudente Bergere, tout ce que j'ai pu obtenir pour vous de la bonté du Dieu ; préſentez cette roſe à votre infidele Berger ; peut-être la vue de ce tendre & nouveau bouton rallumera-t-elle dans ſon cœur tous les feux de l'amour : puiſſe-t-il vous ramener dans ce Temple de l'Hymen, dont ſeul il peut vous ouvrir les portes.

La Grande Prêtreſſe rentre dans le Temple, dont les portes ſe referment.

SCENE IV.

AIRS.	AGATHE *ſeule.* — *ACTION.*
N°. 25. AIR : *Viens, mon cher Julien.* Eſpérance craintive.	AGathe ſeule flotte entre l'eſpoir flatteur de ramener ſon volage Berger, & la crainte de le trouver inſenſible.

SCENE V.

AGATHE, COLIN.

AIRS.	*ACTION.*
N°. 26. Le Flageolet joue l'air de la double inconſtance, rien que le commencement.	COlin ſans être apperçu, fait entendre derriere le Théatre les ſons de ſon flageolet. Agathe entend ces ſons, elle l'apperçoit, ſon trouble augmente.
N°. 27. AIR : *De mon Berger volage* (cor ſolo.) Enſuite la repriſe du n°. 26 par le Flageolet. Crainte, eſpoir, tendreſſe.	Son premier mouvement eſt de ſe retirer ; elle ſurmonte ſa crainte, & volant au-devant de lui, l'arrête tendrement.
N°. 29. AIR : *Ingrat Berger, qu'eſt devenu, &c.* Extrême ſenſibilité.	Agathe reproche avec douceur à Colin ſon infidélité.
N°. 30. AIR : *Vous êtes ce que vous n'étiez pas.* Déſeſpoir & tendreſſe.	Colin la rebute.

N° 31. AIR : *Ou ren-déz-moi ce que vous m'avez pris.* Désespoir & tendresse.

Agathe se jette à ses pieds, & lui présente sa rose, en lui faisant remarquer le nouveau bouton qui s'est élancé de sa tige.

N°. 32. AIR : *Quand on sçait aimer & plaire.* Tendresse extrême.

A cette vue Colin est attendri, il balance un instant ; mais enfin il releve Agathe, la serre tendrement dans ses bras, & lui jure un amour pur & plus constant.

N°. 33. AIR : *Chere Annette, reçois l'hommage, &c.* Tendresse & joie mutuelle.

Agathe lui présente sa rose & son bouton ; Colin les reçoit avec transport & les atache sur son cœur.

Il reconduit Agathe au Temple de l'Hymen, & frappe à ses portes.

SCENE VI.

LA GRANDE PRETRESSE, Troupe de Prêtresses

AGATHE, COLIN.

AIRS. — *ACTION.*

N°. 34. AIR : *A jamais Colin tu t'engages.* Tendresse mutuelle.

LEs portes du Temple s'ouvrent à la voix de Colin ; il présente Agathe à la Prêtresse, en la priant de les unir ; la Grande Prêtresse leur permet de monter dans le Temple.

N°. 35. AIR : *Qu'il est doux de dire en aimant.* Tendresse de Colin & d'Agathe.

Les deux jeunes Amans entrelaçent leurs mains sur l'Autel de l'Hymen, la Grande Prêtresse les unit.

SCENE DERNIERE.

LA GRANDE PRETRESSE, Troupe de Prêtresses.

AGATHE, COLIN, Troupe de jeunes Bergers & Bergeres.

AIRS.	*ACTION.*
N°. 36. AIR : *La Rose & le Bouton.* Danse générale des Bergers & Bergeres, d'un genre gai, agréable & léger, ce qui doit finir par un tableau voluptueux. Marche, Ballet général.	UNe troupe de jeunes Bergers & une de jeunes Bergeres viennent des deux côtés opposés du Théatre au son des instrumens champêtres, félicitent Agathe & Colin de leur union. Les deux troupes se mettent à la célébrer par leurs jeux & leurs danses, ce qui termine la Pantomime.

FIN.

Permis d'imprimer. A Bordeaux, le 21 Mai 1782.

LE VICOMTE DUHAMEL,

Lieutenant de Maire.

www.ingramcontent.com/pod-product-compliance
Lightning Source LLC
LaVergne TN
LVHW050513160826
845677LV00003B/1106

* 9 7 8 2 3 2 9 6 2 4 8 5 3 *